De vie en vie

Marco Polo

Brigitte Labbé • Michel Puech

Illustrations de Jean-Pierre Joblin

MILAN
jeunesse

OTTAWA PUBLIC LIBRARY
BIBLIOTHEQUE PUBLIQUE D'OTTAWA

 En faisant défiler rapidement les pages de ce livre, le dessin situé juste au bas de la page de droite s'animera. Chaque livre de la collection *De vie en vie* a son *flip-book*.

À plat ventre devant l'empereur

En partant de Constantinople et en galopant pendant des jours et des jours le long du fleuve Volga, Niccolo Polo et son frère Matteo ne se rendent pas compte qu'ils vont beaucoup trop vers l'est, et qu'ils sont en train d'entrer dans un pays qu'ils ne connaissent pas. Un pays immense, le plus grand du monde à cette époque : l'empire mongol. Un empire 100 fois plus grand que l'Europe, un empire qui s'étend sur des milliers et des milliers de kilomètres et englobe presque tous les pays d'Asie, jusqu'au fond de la Chine.

De vie en vie

Niccolo et Matteo Polo sont de riches commerçants venus de Venise, en Italie. Leur richesse, ils la doivent à leurs grands voyages : ils font du commerce international. Ils partent loin, très loin de leur pays, avec de longues caravanes chargées de bijoux, d'étoffes, d'or, de laine, de fourrures, de charcuterie, de fruits secs, de miel, de fer, de cuivre… qu'ils échangent contre de la soie, du coton, du poivre, de la cannelle, de la porcelaine, du sucre, du poisson, du blé, du vin, de l'encens, des tapis, des perles, de l'ivoire… Ils marchandent, vendent, achètent, échangent et reviennent d'Orient chargés de merveilles que les Occidentaux achètent à prix d'or.

Leurs voyages sont de vraies aventures : au XIIIe siècle, pas de train, pas d'avion, pas de cartes géographiques précises, c'est le Moyen Âge. Ils ne savent pas toujours exactement où

ils sont, ni parfaitement où ils vont. Mais ils veulent échanger, que ce soit à l'est ou à l'ouest, au nord ou au sud, peu importe.

Cette fois, ils pénètrent un empire dirigé par l'homme le plus puissant de la planète, bien plus puissant que tous les rois d'Europe et le pape réunis, bien plus riche que tous les marchands vénitiens. Cet homme s'appelle Kubilaï Khan, c'est-à-dire Kubilaï le chef.

Cette année-là, en 1265, Niccolo et Matteo vont aller encore plus loin que prévu : le chef

de la région qu'ils traversent veut les emmener au palais de l'empereur Kubilaï, à Pékin. Il sait que son empereur est toujours intéressé par les étrangers, surtout des étrangers qui viennent d'un monde si lointain.

En venant d'Europe, Pékin est au bout du monde !

Ce n'est que plusieurs mois plus tard que Niccolo et Matteo se retrouvent allongés à plat ventre devant l'empereur. Voilà comment tout le monde doit saluer le grand Kubilaï Khan pour ne pas avoir la tête coupée sur-le-champ.

« Je veux rencontrer vos savants »

Kubilaï Khan n'envisage ni de couper la tête à Niccolo et Matteo, ni de les faire prisonniers. Au contraire. Il les reçoit très bien, il les bombarde de questions sur leur monde, l'Occident. Cet empereur qui règne sur des millions de personnes veut que les frères Polo lui racontent les coutumes de leur pays, lui expliquent leur religion, leurs croyances, l'organisation de leur société… Lui, l'Oriental, veut tout savoir de la civilisation occidentale.

Kubilaï est tellement passionné par les récits des Polo qu'il leur demande de repartir chez eux et de revenir le plus vite possible avec non pas de l'or, non pas des étoffes, mais des savants. Des savants capables de lui enseigner tout ce qu'il ne connaît pas. Il précise même : 100 savants ! Il souhaite que les savants de son empire et ceux de l'autre bout du monde échangent leurs connaissances.

Kubilaï a bien compris que dans le monde des Polo le chef des catholiques, le pape, est un homme très puissant à qui même les rois obéissent. C'est donc au pape qu'il écrit une

lettre pour présenter sa demande, une lettre qu'il confie à Niccolo et Matteo. Kubilaï leur donne aussi une escorte et des tablettes d'or sur lesquelles il est écrit qu'ils sont ses protégés. Dans tout l'empire mongol, les frères Polo seront logés, nourris, protégés et reçus partout comme des personnages importants.

Marco retrouve enfin son père

À Venise, un adolescent, Marco Polo, le fils de Niccolo Polo, va bientôt retrouver son père. Bientôt, c'est beaucoup dire. Marco va patienter encore plus de trois ans, le temps que son père traverse d'immenses déserts, des plaines à perte de vue, qu'il franchisse des montagnes et des glaciers, le temps qu'il parcoure des dizaines de milliers de kilomètres, à cheval ou à pied.

De vie en vie

Marco n'a pas eu une enfance facile, sa mère est morte et il n'a jamais vu son père, qui passe son temps sur les routes et les mers. On imagine l'émotion de Marco quand il voit son père débarquer à Venise, l'admiration qu'il ressent pour ce grand voyageur, l'excitation de découvrir toutes les richesses qu'il rapporte.

Mais, malgré la joie des retrouvailles, Niccolo et Matteo sont très embêtés : le pape vient de mourir. Impossible donc d'obtenir une réponse à la demande de Kubilaï Khan. Que faire ? Attendre l'élection du nouveau pape ? Mais que va penser le grand khan en ne les voyant pas revenir ? Faut-il repartir sans réponse ? Cela risque de le mettre en colère. Se faire couper la tête n'est pas vraiment dans les plans des Polo.

Après avoir attendu pendant de longs mois, ils en ont assez et ils décident de partir avec une caravane commerçante. Il faut quand même penser à faire des affaires ! Le jour du départ est un moment exceptionnel pour Marco : cette fois, son père et son oncle l'emmènent ! Marco quitte Venise pour la première fois de sa vie et commence une grande aventure qui va durer 25 ans… Marco a 16 ans, il ne reverra Venise qu'à 41 ans, en 1295.

Le pape ne veut pas échanger

À peine partis, Niccolo, Matteo et Marco font demi-tour : un pape, Grégoire X, vient enfin d'être élu. Direction Acre, une ville aujourd'hui en Israël, pour voir le nouveau pape et lui transmettre la demande du grand khan. Le pape les écoute puis il ordonne aux Polo de repartir tout de suite avec deux prêtres. Ces deux religieux sont des missionnaires. Leur mission : convertir Kubilaï et tous les

étrangers au catholicisme. Le pape sait que la mère de Kubilaï était chrétienne, il pense que les missionnaires ont de bonnes chances de succès. Quand ils auront réussi, le pape programme de convertir tout l'empire mongol et de nommer des centaines d'évêques pour organiser les églises. Rien que cela !

Mais Grégoire X n'envoie aucun savant. Échanger des connaissances avec les savants d'Orient ne lui traverse pas l'esprit. Qu'est-ce que ces étrangers vont bien pouvoir lui apprendre ? Le pape ne sait pas que ces étrangers ont des centaines d'années d'avance sur son monde à lui. Ils ont construit des routes quand en Europe on se traîne sur des chemins de terre, dans tout l'empire mongol circule une monnaie unique, 8 siècles avant l'invention de l'euro, leurs bateaux sont beaucoup plus grands et plus rapides que les galères des

Européens, les Chinois savent lire le ciel pour se guider avec les étoiles et ont inventé la boussole, ils connaissent l'imprimerie... Au contraire, en Occident, tout s'effondre, c'est le Moyen Âge, une époque de famines, de guerres, d'épidémies, de peurs...

Pourtant une seule chose compte pour le pape : que Kubilaï et son peuple acceptent de s'agenouiller devant lui et devant son Dieu. Quand on connaît la puissance de Kubilaï, il y a de quoi sourire. Quand on connaît son état d'esprit et son envie de partager, il y a de quoi pleurer.

Les missionnaires reculent, les Polo avancent

La caravane des Polo reprend la route, accompagnée des deux missionnaires. Ces deux-là

n'arriveront jamais à Pékin. Peu après le départ, en apprenant qu'une guerre risque d'éclater en Arménie, un pays qu'ils doivent traverser, ils paniquent et décident de rentrer chez eux. Pas vraiment des aventuriers ! Les commerçants, pour vendre leurs marchandises, ont plus de courage que ces missionnaires chargés d'annoncer la grandeur de leur Dieu… Les commerçants ont l'habitude du danger. Ces routes fréquentées par les caravanes ne sont jamais sûres, elles traversent des pays en guerre, des brigands guettent les caravanes pour les piller. Jusque-là, les Polo s'en sont toujours bien sortis, et cette fois encore ils passent à travers les attaques et continuent leur route. Après un incroyable voyage long de trois ans et demi, dans la neige, sous des pluies torrentielles, des vents glacés, des orages, des tempêtes, dans la sécheresse des déserts, ils arrivent enfin, sains et saufs, en 1275, au palais de Pékin.

Un choc pour Marco

Ce voyage a été un vrai choc pour Marco. Tout est nouveau pour lui, le climat, les paysages, le physique des gens, leurs vêtements, leurs manières de vivre, de penser, de parler, leurs goûts, leurs croyances, leurs coutumes...

En Géorgie, il découvre une huile noire et gluante qui brûle très bien et très longtemps. Il est fasciné de voir les gens s'éclairer avec cette huile. Marco vient de découvrir le pétrole et la lampe à pétrole, lui qui n'a connu que des bougies de suif qui sentent mauvais. Il rencontre des musulmans qui lui expliquent que leur religion interdit de boire de l'alcool, mais Marco est surpris de les voir se soûler et dire

que c'est permis parce qu'ils ont fait bouillir le vin. Il remarque beaucoup d'églises chrétiennes, presque partout, il ne s'attendait pas à trouver des milliers et des milliers de chrétiens en Asie et jusqu'au fond de la Chine, il s'étonne que les prêtres de ces chrétiens soient mariés. Quelle tête ferait le pape en les voyant ? Il n'en croit pas ses oreilles en entendant des pleureuses professionnelles, des femmes payées par la famille d'un mort pour pleurer une fois par jour pendant 4 ans. En Afghanistan, il trouve que les femmes ont des fesses gigantesques mais découvre qu'elles remplissent leurs robes d'énormes boules de tissu pour avoir le plus gros derrière possible, c'est la mode. Aux portes de la Chine, il a l'impression d'être dans un four en traversant le désert de Gobi, il ne pensait pas que l'on pouvait survivre à une telle chaleur. Il est aussi fasciné par les lois de certains peuples qui autorisent les hommes à avoir plusieurs femmes, quelquefois des centaines. Et en rentrant à Venise, quand il racontera que des femmes sont offertes aux voyageurs en cadeau de bienvenue, personne ne le croira.

Voyager bouscule beaucoup d'idées. Marco réalise que ce qui est vrai, ce qui est beau, ce qui est bien, ce qui est juste chez lui, n'est pas forcément vrai, beau, bien ou juste partout.

De vie en vie

Moïse, Jésus, Mahomet, Bouddha… : bienvenus !

Quand Marco arrive au palais du khan, les surprises continuent. Kubilaï reçoit les Polo comme des princes, d'immenses tables pleines de délicieux plats sont dressées en leur honneur. Marco est ébloui, il n'a jamais vu de fêtes aussi somptueuses, autant de richesses, d'or, de soie, il n'a jamais admiré de jardins si magnifiques, de palais si gigantesque, un palais gardé par 12 000 hommes ! Tout est plus beau, plus brillant et surtout plus grand, beaucoup plus grand !

À la cour de Kubilaï et à Pékin, Marco rencontre des gens très différents : des Chinois, bien sûr, mais aussi des Turcs, des Iraniens, des Arabes, des Tibétains, des Russes, des Hongrois, des Arméniens, et même quelques

Français. Il n'en croit pas ses yeux. Chez lui, les Italiens se font la guerre entre eux ; des villes italiennes comme Pise, Venise, Gênes, n'arrêtent pas de se faire la guerre. Ici, c'est la paix sur des milliers de kilomètres, pour tous ceux, bien sûr, qui acceptent de se soumettre à l'autorité du khan. Ceux qui refusaient ont été exécutés sauvagement, les femmes et les enfants massacrés ou capturés comme esclaves, les villes pillées puis brûlées. Des villes et des populations entières ont disparu à cause de la férocité des Mongols.

Mais Marco remarque que ceux qui acceptent Kubilaï comme empereur sont libres, Kubilaï n'impose aucune coutume, aucune religion, aucune langue, au contraire même,

c'est souvent lui qui adopte les coutumes des pays qu'il domine. En se promenant autour de l'immense palais, Marco voit quelque chose d'incroyable : il voit des temples bouddhistes, taoïstes, des églises chrétiennes, des sanctuaires pour prier Confucius, des mosquées musulmanes, des synagogues juives, toutes les religions sont là, les unes à côté des autres, et personne ne se bat. Marco s'aperçoit que Kubilaï lui-même prie autant Jésus que Moïse, Mahomet ou Bouddha. Quand on vient, comme Marco Polo, d'une région du monde où le pape fait massacrer ceux qui refusent de croire à un détail de sa religion, il y a de quoi être surpris !

Drôle de personnage cet empereur Kubilaï : un mélange de cruauté et de générosité, à la fois un guerrier sans pitié et un homme ouvert et tolérant.

Pourquoi un seul dieu ?

Niccolo Polo, respectueux des ordres du pape, demande très très poliment à Kubilaï de reconnaître la supériorité de la religion catholique. On pouvait s'y attendre, Kubilaï refuse. « *Votre Dieu est peut-être le plus grand, mais en tout cas il est bien orgueilleux de vouloir être le seul !* » leur répond-il. Affaire classée.

Pas pour le pape. Il faut absolument qu'il réussisse à convertir les puissants Mongols au catholicisme, pour s'en faire des alliés contre les musulmans qui menacent d'envahir l'Europe. Les missionnaires, ceux qui auront le courage de faire le voyage, continueront pendant des dizaines d'années à se présenter devant le khan et devant ses successeurs. Quelquefois, les lettres du pape sont mal traduites, le khan pense qu'on l'insulte et tranche

la tête des missionnaires. Mais la plupart reviennent entiers, avec toujours le même genre de réponses : « *Comme Dieu a donné à la main des hommes plusieurs doigts, de même il a donné aux hommes plusieurs voies pour venir à lui.* » Sous-entendu : laissez les hommes libres de rencontrer Dieu comme ils le veulent. Un message révolutionnaire pour l'Occident, où la religion catholique veut être l'unique voie.

Un reporter génial

Du temps des Polo, sur les routes ou sur les mers, on croise deux types de voyageurs : des religieux et des commerçants.

Les religieux sont les seuls qui écrivent. Des carnets de voyage, des livres qui sont lus par ceux qui ne voyagent pas. Mais comme

le but de leurs voyages est de convertir, pas de découvrir, ils ne racontent pas toujours ce qu'ils voient, mais plutôt ce qui les choque. Les étrangers non convertis sont parfois décrits comme des sauvages, des êtres inférieurs, leurs coutumes sont dépeintes comme des coutumes barbares... Difficile avec des récits souvent remplis de sottises et d'ignorance de se faire une idée à peu près juste des autres civilisations.

Les commerçants, eux, ont un seul but : vendre et acheter, gagner de l'argent. C'est pour cela qu'ils observent, essaient de savoir comment les gens vivent, ce qu'ils aiment, ce qui plaît aux acheteurs, à leurs familles, aux habitants de leurs villes... Ils ne se battent pas pour imposer leur dieu, pour avoir raison, pour occuper les Lieux saints, pour savoir si on a le droit de manger cela ou de boire ceci... Quand les hommes veulent commercer, ils ne s'affrontent pas sur des idées, ils se voient, dialoguent, échangent. Marco Polo apporte quelque chose de plus dans ce monde de voyageurs : il est commerçant et il publiera un livre. Si 7 siècles après sa mort on parle encore de lui, si son livre est aujourd'hui encore vendu dans les librairies, c'est parce qu'il a été un reporter de génie. Le premier à faire du vrai journalisme, un journalisme qui fait comprendre tout un monde, toute une époque. Avec des yeux qui photographient tout, des oreilles qui enregistrent tout.

Pour l'instant, à 21 ans, Marco profite des plaisirs de la cour de Kubilaï. Il ne pense pas une seconde à un livre et n'imagine pas que son nom sera un jour mondialement connu.

Kubilaï Khan embauche Marco

Quelques dizaines d'années plus tôt, le grand-père de Kubilaï, Gengis Khan, a réussi à franchir la Grande Muraille de Chine. Après des années de guerre et de massacres, il a conquis le nord de la Chine. Son petit-fils a fini le travail en soumettant le Sud. La Chine est devenue une partie de l'empire mongol, c'est-à-dire une colonie. Les Chinois sont libres, personne ne cherche à changer leurs

coutumes, au contraire, les Mongols les imitent et les admirent. Mais Kubilaï ne leur confie aucune responsabilité, aucun pouvoir, de peur qu'ils essaient un jour de récupérer leur pays. Pour l'aider à diriger son empire, il ne choisit que des Mongols ou des étrangers.

Marco est un candidat parfait pour Kubilaï. C'est un jeune homme intelligent, il apprend très vite le mongol et s'intéresse à tout ce qui se passe autour de lui.

Kubilaï l'embauche et le charge de faire des rapports sur les régions lointaines de l'empire. C'est important pour le khan : pour calculer l'impôt qu'une région doit payer, il faut connaître la taille de la région, ce qu'elle produit, ce qu'elle vend, ses richesses, le nombre d'habitants… Quand il manque du riz quelque part, il faut connaître les régions qui produisent du riz, les quantités qu'elles cultivent, les stocks disponibles. L'empereur doit aussi être tenu au courant du moindre début de révolte pour envoyer ses troupes. Son empire est tellement immense qu'il doit envoyer partout des inspecteurs pour être bien renseigné.

Marco devient un des hauts fonctionnaires de l'empereur.

Que tout le monde mange à sa faim !

Depuis son arrivée à Pékin, Marco voit chaque jour à peu près à la même heure des milliers d'hommes, de femmes et d'enfants se regrouper autour du palais. Il est intrigué, ce ne sont pas des manifestations, les gens sont calmes, d'ailleurs s'ils manifestaient les gardes les auraient déjà chassés ou tués. Non, ces gens viennent manger. Chaque jour, Kubilaï fait distribuer gratuitement des milliers de

pains chauds, 30 000 par jour, avec des bols de riz et de céréales, et même des vêtements pour ceux qui en manquent.

L'empereur veut que chaque personne de son empire mange à sa faim, il envoie de la nourriture aux régions qui ont de mauvaises récoltes, il supprime leurs impôts pour ne pas les écraser avec des dettes. Aujourd'hui, quand il y a des inondations, des tremblements de terre, les gouvernements envoient de l'argent, des secours, de la nourriture, des couvertures, des tentes… On trouve ça normal. Mais pour Marco, un Européen du Moyen Âge, c'est du jamais-vu. Chez lui, un chef ne se sent pas responsable des autres, les rois dominent, les petits seigneurs européens ne s'intéressent qu'à leur puissance et n'organisent rien pour que la population vive mieux.

Évidemment, Kubilaï n'est pas un saint, il fait cela par intérêt : diriger un empire de pauvres et de misérables ne l'intéresse pas, mieux vaut que tout le monde soit riche et lui paie des impôts.

Marco a compris depuis longtemps que Kubilaï est aussi un calculateur : s'il accepte toutes les religions, ce n'est pas seulement par respect des croyances, mais aussi pour empêcher la religion des Chinois, le confucianisme, d'être la plus forte.

Marco découvre surtout que le pouvoir peut servir à autre chose qu'à dominer : il peut servir à organiser, à assister. Il découvre ce qu'est un gouvernement, un ensemble de gens qui se sentent responsables des autres, qui utilisent leur pouvoir pour organiser la vie de la société.

Un œil neuf

Kubilaï ne fait pas de grands discours sur la solidarité, sur l'importance d'aider les autres, sur la manière de gouverner un pays. Marco ne l'a pas entendu faire des exposés sur la sécurité routière, mais, en voyageant dans l'empire, il remarque que Kubilaï fait construire partout de belles routes et planter des arbres le long des routes, pour que la nuit les voyageurs voient le chemin et que le jour l'ombre

les protège de la chaleur. Il n'y a pas grand monde qui remarque ce genre de détails. Quand on voyage, on a parfois des airs de supériorité et le sentiment que les étrangers en savent moins, il arrive qu'on les regarde de haut et qu'on passe à côté de ce qui est intéressant. Marco n'est pas du genre touriste dédaigneux qui se dit qu'il n'a rien à apprendre des autres. Il observe avec un œil neuf, son opinion n'est pas faite d'avance, les pensées toutes faites ne l'aveuglent pas.

Bizarre, ça ne pue pas !

Départ en mission : Marco quitte la confortable cour de Pékin, direction le sud-ouest. Il est tranquille, Kubilaï lui a donné des tablettes d'or, ces laissez-passer qui lui permettent d'être bien reçu dans tout l'empire.

En arrivant à Quinsai, l'ancienne capitale de la Chine du Sud avant la conquête des Mongols, il croit rêver. Les gens circulent sur l'eau, comme à Venise, mais c'est comme si on

avait transporté Venise au paradis. Quand il voit les marchés gigantesques qui débordent de volailles, de poissons, de fruits, de légumes, de sucreries, il se souvient qu'en Europe c'est la fête quand une famille du peuple possède une tranche de gros lard et une miche de pain pour la semaine. Ici, plus de 50 000 personnes viennent trois fois par semaine faire leurs courses. Marco est frappé de voir comme les gens sont en bonne santé, souriants et heureux. Mais il y a quelque chose de bizarre, il n'arrive pas à dire quoi. Et puis, soudain, il comprend. Voilà des heures qu'il se promène et il ne s'est pas bouché le nez une seule fois ! Voilà ce qui manque ici : la puanteur des villes d'Europe. À Quinsai, peut-être la plus grande ville du monde, ça ne pue pas ! En Europe, les gens jettent leurs ordures dans la rue, les pots de chambre sont vidés par les fenêtres, de l'eau

sale coule partout ; comme les rues sont en terre, on patauge dans la boue dès qu'il pleut, tout empeste, sans parler des odeurs des gens qui ne se lavent pas. Ici, les rues sont pavées, elles sont nettoyées, l'eau sale est évacuée par des systèmes de rigoles creusées au milieu des rues, les rigoles sont même recouvertes, et puis, chose incroyable, les gens se lavent ! Partout dans la ville, il y a des bains publics, bien chauds, où les gens viennent chaque jour et passent du temps à prendre soin d'eux.

Son séjour à Quinsai le marque. Il découvre le bien-être, le confort, l'hygiène, le soin, le plaisir, une douceur de vivre… Depuis sa découverte de la civilisation chinoise, il est frappé par les différences entre cette civilisation et la sienne, mais là, à Quinsai, il se dit que cette civilisation raffinée est supérieure à la sienne, de loin.

Marco comprend ce qu'est une civilisation

Il se rend compte qu'une civilisation, ce n'est pas vraiment un catalogue d'idées et de pensées, c'est du concret. Quand des routes sont construites vers une région éloignée, cela veut dire qu'ici chaque région compte, qu'aucune ne doit rester isolée. Il n'avait jamais pensé que les chemins boueux de chez lui veulent dire quelque chose : on se fiche de relier les hommes entre eux, on se fiche de ceux qui sont loin du roi. Évacuer l'eau par des canalisations signifie que l'on se soucie de bien vivre. Ouvrir partout des bains publics, cela veut dire que le corps est important, alors que la saleté et les maladies de peau en Europe montrent que le corps n'a pas d'importance. En voyageant, Marco comprend mieux ce qui compte et ce qui ne

compte pas. Il découvre que sa civilisation à lui se juge dans les rues nauséabondes, au milieu des famines et des tueries, pas en écoutant les paroles sur l'amour et l'entraide.

Si Marco venait aujourd'hui chez nous pour se faire une idée des droits de l'homme, il n'irait pas voir si nos dirigeants ont signé la Déclaration des droits de l'homme, il regarderait comment sont accueillis les étrangers et aidés les sans-logis. Pour savoir si une civilisation traite les hommes et les femmes de la même manière, il compterait le nombre de femmes dans les universités et les gouvernements au lieu d'écouter les hommes parler d'égalité des sexes, et il raconterait tout simplement que dans certains pays les femmes n'ont pas le droit de conduire une voiture, de voter ou de se promener seules dans la rue…

Marco n'est pas un explorateur découvreur de pays comme Christophe Colomb, ni un chercheur d'or comme beaucoup d'explorateurs de territoires inconnus. Marco est un explorateur de coutumes, un découvreur de civilisation.

Adieu les licornes !

Marco ne s'y attendait pas : il était parti avec son père faire du commerce, comme des centaines de Vénitiens, et le voilà plongé dans un monde qui lui montre à quel point son monde à lui est petit, fermé, ignorant. Ce genre de choc, Marco va en vivre des dizaines et des dizaines.

Depuis qu'il est petit, il connaît les histoires de licornes, ces chevaux blancs avec une grande corne au milieu du front et des pouvoirs magiques. Personne n'en a vu en vrai, mais en

Europe tout le monde y croit. Alors on imagine l'émerveillement de Marco le jour où il s'est trouvé nez à nez avec un animal énorme pointant vers lui une corne épaisse plantée au milieu du front. Une licorne!? Pas du tout, raconte Marco, cette bête n'a aucun pouvoir magique. Ce n'est qu'un rhinocéros. Il aurait pu se vanter d'être le premier homme à avoir vu une licorne et broder toute une histoire pour jouer au héros. Non, il dit qu'on s'est trompé.

Marco Polo

Ce n'est pas facile de s'avouer que les mythes sont faux. Au Moyen Âge, remplacer la magie par la réalité, c'est très mal vu, pourtant Marco a osé.

Vrai ou faux ?

Mais Marco se fait parfois avoir, il lui arrive de croire des histoires abracadabrantes que lui racontent des Mongols ou des Chinois. Difficile de faire le tri quand tout paraît extraordinaire… Quand un prince lui dit qu'il a 3 000 femmes, faut-il le croire ? Pas évident de savoir si on se moque de lui ou si on lui dit la vérité. Mais oui, c'est vrai, il en a vraiment 3 000 ! Et quand ce même prince lui raconte que les carafes de vin volent au-dessus des tables pendant les banquets du khan et se vident toutes seules dans les verres, faut-il le croire ? Et quand on lui fait

peur avec des histoires de gigantesques serpents qui avalent les humains, que penser ? Difficile de savoir si ce sont des inventions… ou de vrais crocodiles.

Marco est parfois un peu perdu, il ne réussit pas toujours à démêler le vrai et le faux. Mais heureusement la plupart du temps il parle de ce qu'il voit de ses propres yeux.

Ils sont fous ces Mongols !

Quelquefois, il voit mais ne comprend vraiment rien. Quand il voit les gens payer avec des morceaux de papier, il se dit que les Mongols sont carrément tombés sur la tête. Il se demande comment un marchand accepte du papier en échange d'un poulet ou d'une robe, il ne comprend pas qu'un bout de papier ait de la valeur. Et puis si on peut tout acheter avec ces bouts de papier, il trouve les gens vraiment idiots de ne pas en fabriquer eux-mêmes pour acheter tout ce qu'ils veulent. Chez lui, on est plus sérieux, on se fait payer avec de grosses pièces d'or ou d'argent, ça oui, ça a de la valeur, mais du papier ?

Kubilaï a compris depuis longtemps que ce n'est pas pratique de trimballer des pièces d'or pour faire du commerce. D'abord c'est lourd, ensuite c'est dangereux : tout le monde voit l'or, difficile de le cacher, facile de se faire voler. Il a remplacé l'or par des billets. Avec des règles très strictes : lui seul a le droit d'en fabriquer en imprimant des codes qui prouvent que les billets ne sont pas des faux. Exactement comme aujourd'hui : seule la banque centrale de chaque pays a le droit de fabriquer des billets, et seule cette banque sait imprimer des codes qui prouvent qu'ils sont vrais. Quand Marco entend que

Kubilaï fait condamner à mort ceux qui fabriquent de faux billets, et aussi leurs enfants, et aussi leurs petits-enfants, alors là, il n'en revient pas. Marco ne comprend rien à ce système, c'est trop étrange, il ne réalise pas à quel point la monnaie de papier facilite les échanges et développe le commerce. Cette monnaie existera en Europe plusieurs siècles plus tard.

Cette fois-ci, Marco n'a pas vu

Marco a appris le mongol, le persan, le turc, il s'adapte aux coutumes, il rencontre tous les jours des gens nouveaux, il note des centaines des détails, il essaie de démêler le vrai et le faux, il avoue qu'il se trompe… c'est beaucoup pour un jeune homme qui n'était jamais sorti de chez lui, on ne peut pas lui demander de tout comprendre !

Mais quand même, c'est étrange qu'il ne remarque pas une chose qui se voit comme le nez au milieu du visage : des bibliothèques qui débordent de livres d'histoire, de science, de philosophie, de poésie, et de romans. Il ne remarque pas ces livres pourtant très différents de ceux des Européens : les livres des Chinois sont imprimés. En Europe, les livres sont encore écrits à la main et à la plume, Marco n'avait jamais vu de livres imprimés. Mais

cette grande différence entre l'Europe et l'Asie ne le frappe pas. Pourtant, deux siècles plus tard, la prétendue invention de l'imprimerie en Occident sera une vraie révolution !

Les bureaux de poste mongols

Marco est payé pour envoyer à Kubilaï des renseignements sur les régions de l'empire. Et ce travail, il le fait très bien. Tellement bien que Kubilaï a de plus en plus confiance en lui et l'envoie de plus en plus loin. L'empire est immense, et pourtant les courriers que Marco envoie au palais de Pékin arrivent très vite. En Europe, ils mettraient des mois à arriver, et encore, la plupart se perdraient en route. Sur toutes les routes de l'empire mongol, même celles qui traversent le désert, il y a des bureaux de poste, et dans chaque bureau de poste un cavalier se tient prêt à partir. Dès qu'un message arrive, il saute sur son cheval, galope des heures, passe le relais au cavalier de la poste où il arrive, le nouveau cavalier part aussitôt, galope aussi des heures, passe le relais au suivant et ainsi de suite jusqu'à Pékin. Quand c'est un message top priorité pour l'empereur, le messager porte une clochette pour que le suivant l'entende de loin et se tienne prêt à partir sans perdre une seule seconde. Ces relayeurs parcourent en 10 jours un trajet qui prendrait 100 jours à un seul homme. Kubilaï a compris avant tout le monde l'importance de la communication, il a compris que celui qui a les informations en premier est le plus fort. En Europe, les rois se réveillent quand les ennemis sont aux portes de leur ville, Kubilaï, lui, est prévenu dès que la moindre petite armée s'approche de son empire,

dès qu'un groupe d'agités sème le désordre même à des milliers de kilomètres. Il peut réagir très vite et envoyer des troupes pour les stopper. Marco n'avait jamais pensé que la puissance d'un dirigeant dépendait de son réseau de communication, autant que du nombre de ses soldats ou de la modernité de ses armes.

L'Honorable Po Lo

Marco revient régulièrement à Pékin, Kubilaï le couvre de cadeaux et l'honore comme un grand dirigeant de l'empire. Le petit Marco est devenu l'Honorable Po Lo, c'est ainsi que les Chinois l'appellent ! La jalousie des chefs mongols monte, l'Honorable Po Lo ne se fait pas que des amis. Tant que Kubilaï est là, pas de problème, Marco est

protégé, mais l'empereur vieillit, il aura bientôt 80 ans. Les Polo se disent que les tablettes d'or ne vaudront plus rien le jour de la mort de Kubilaï. Après 17 ans passés à son service, il est temps de rentrer à Venise avant qu'il ne soit trop tard.

Pas question ! Kubilaï refuse net de les laisser partir, pas question de perdre de si bons collaborateurs. Et les ordres de l'empereur ne se discutent pas.

Livreur de princesse

Mais le hasard fait parfois bien les choses : en Perse, la femme d'Arghoun, un des rois de l'empire mongol, vient de mourir. Kubilaï a promis de lui envoyer une nouvelle femme. Comme le royaume d'Arghoun est à l'autre bout de l'empire mongol, pas très loin de l'Europe, Kubilaï autorise les Polo à partir, à condition qu'ils accompagnent la princesse chez Arghoun.

Une princesse, ça ne s'envoie pas n'importe comment. 14 jonques de 4 mâts, 12 immenses voiles chacune, des centaines de marins et de serviteurs, des montagnes de cadeaux, les Polo sont à la tête d'une véritable expédition pour effectuer leur dernière mission. Kubilaï ne désespère pas, il a encore confié aux Polo des lettres pour le pape, on ne sait jamais !

L'Honorable Po Lo regarde la côte s'éloigner. Le Vietnam, Sumatra, Ceylan, l'Inde, vont bientôt défiler devant ses yeux, il va faire escale dans certains de ces pays pour faire le plein de nourriture et d'eau, réparer les vaisseaux, laisser les hommes d'équipage se reposer... Marco va en profiter pour visiter et encore découvrir, ou simplement écouter les histoires des voyageurs qu'il rencontrera.

Priorité aux vaches

En faisant escale en Inde, c'est une odeur bizarre qui cette fois-ci surprend Marco, une odeur forte et désagréable. De loin, Marco voit de grandes flammes qui s'élèvent au-dessus d'une sorte de pyramide en bois, il ne s'est pas trompé, il y a bien quelque chose qui brûle. De près, Marco est au bord du malaise : ce

sont des corps humains qui brûlent. C'est quoi, ce nouveau supplice ? Ce n'est pas un supplice, ici on n'enterre pas les morts autour de l'église comme en Europe, on les brûle sur des bûchers, en pleine ville. Il restera de leur corps un petit tas de cendres que la famille gardera précieusement dans une boîte ou laissera s'envoler dans les airs. Et, si Marco avait vu brûler le corps d'un roi, il aurait aussi vu ses femmes et ses serviteurs se jeter vivants dans les flammes pour partir en fumée avec

leur mari et leur maître. Marco croyait avoir tout vu après 17 ans passés dans l'empire mongol, mais ce n'est pas fini ! Quand il croise des vaches en liberté dans les rues, et que tout le monde s'écarte pour leur laisser la priorité, il se demande où il a atterri ! En Inde, toujours. Les Européens tuent les vaches, les découpent, les font cuire, les mangent, les hindous les respectent, les vénèrent, ce sont des animaux sacrés, des déesses. Marco trouve cela étrange, mais il n'en est plus à une surprise près...

Les voyageurs arabes lui racontent leurs aventures en Afrique, ils se demandent si les hommes noirs ne sont pas des diables. Ils les décrivent comme des gens horribles à voir, avec des cheveux impossibles à aplatir et des lèvres retournées en dehors, ils n'en reviennent pas qu'ils soient aussi noirs et osent se balader tout nus ou presque.

De vie en vie

Quel tourbillon pour Marco ! Jamais personne à son époque n'a autant ressenti les différences entre les hommes.

C'est ce qu'on fait qui compte

À Ceylan, Marco entend l'histoire de Bouddha, elle l'intéresse beaucoup. Bouddha, fils de roi, n'avait jamais quitté son palais. Le jour où il est sorti de son palais, Bouddha a découvert la souffrance du monde et a décidé de tout quitter, le luxe, les honneurs, la richesse, pour consacrer sa vie à chercher comment délivrer les êtres humains de la souffrance. Marco est frappé que quelqu'un soit capable de changer de vie pour changer le monde. Il voit bien que la plupart des gens se contentent de dire : « *Mon Dieu, c'est horrible, des gens souffrent, des gens meurent de faim, des gens n'ont pas de logement…* » Que rares sont ceux qui font quelque chose, qui agissent et essaient de changer les choses.

Quand Marco rencontre des hindous qui ne tuent jamais d'animaux, ne mangent pas de viande, ne boivent pas de vin, vivent une vie très modeste, il voit que ces gens ne font pas cela uniquement pour rester en bonne santé. Mais que c'est une méthode pour vivre honnêtement, sans faire le mal. Ces sages hindous, des brahmanes, disent simplement : « *Ce qui est mal, on ne le fait pas.* » Et ils y arrivent ! Facile de savoir ce qui est mal, mais, une fois que l'on sait que c'est mal, réussir à ne pas le faire, c'est une autre histoire…

Marco connaît par cœur les commandements de sa religion qui disent ce qui est mal, ce qui est bien, qui demandent de s'aimer les uns les autres, de ne pas tuer… mais il voit

bien que les hommes se massacrent les uns les autres au nom de leur dieu. Ces brahmanes semblent vivre cette vie simple et modeste pour chasser l'hypocrisie qui empoisonne le monde. En les voyant vivre, Marco sent que les actes sont plus importants que les discours et les catéchismes. En tout cas, les actes prouvent la sincérité des discours.

Personne ne reconnaît Marco

Mission accomplie : après plusieurs mois de navigation, la princesse est arrivée au palais du roi Arghoun. Petit changement de programme : elle ne peut pas épouser le vieux roi Arghoun, il est mort. Tant pis, le fils d'Arghoun l'épousera ! Est-ce que Marco est jaloux ? Est-il triste de quitter sa compagne de voyage ? On ne sait pas.

Marco Polo

Quand il arrive à Venise, personne ne reconnaît Marco, on le prend pour un étranger ! Il faut dire qu'il est habillé des pieds à la tête comme un Mongol et qu'il parle le vénitien avec un accent mongol ! Cela doit lui faire une impression bizarre de revoir Venise, peut-être qu'il se sent plus mongol qu'italien, peut-être qu'il ne sait plus à quel monde il appartient.

Mais il va vite le savoir : après avoir connu 25 ans de paix, Marco doit partir à la guerre.

Venise est encore en guerre contre Gênes. Quand on est riche comme Marco, pas le choix, il faut armer un bateau et défendre sa ville. L'Honorable Po Lo se transforme en capitaine de galère.

Le Livre des Merveilles

Trois ans. Trois ans enfermé dans une petite cellule. Voilà ce qui attend Marco le jour où son bateau est coulé et que les Génois le repêchent pour le jeter en prison. Marco a échappé à tous les dangers sur toutes les routes et les mers du monde, il a vécu avec les guerriers les plus féroces, et c'est dans son propre pays qu'on le capture et qu'on l'enferme !

Mais cela va faire un heureux. Quand Rusticien de Pise, un prisonnier, entend la porte de sa cellule s'ouvrir et voit le garde pousser Marco à l'intérieur, il ne se doute pas que les 3 années à venir vont être passionnantes.

Marco, le grand voyageur, est comme un oiseau en cage. Il pense à Kubilaï, au palais de Pékin, aux marchés de Quinsai, aux bains chauds, aux montagnes de Chine, au désert de Gobi, aux côtes africaines, à ses amis du monde entier, aux sages hindous, aux femmes d'Orient, à Bouddha, aux vrais rhinocéros et aux fausses licornes... Il raconte tout cela à Rusticien et tous les deux oublient leur cellule, la prison, la défaite. Rusticien écrit tout.

Avant d'être prisonnier, il a écrit des romans de chevalerie qui l'ont rendu assez célèbre. Mais là, entre les 4 murs de leur cellule, ni Marco ni Rusticien ne savent qu'ils sont en train d'écrire un livre qui deviendra très vite l'un des plus célèbres du monde. Rusticien se doute quand même un peu que les histoires de Marco peuvent passionner les foules. Et il a raison. Leur livre, qu'on appelle *le Livre des Merveilles*, est un livre merveilleux.

À quoi sert ce livre ?

« Ce livre nous fait rêver, quelle imagination ! Ce Marco Polo a inventé des choses fantastiques ! » diront les premiers lecteurs italiens. *« Ce livre va me rendre fabuleusement riche, je veux trouver les palais en or dont parle Marco Polo »*, diront plus tard des lecteurs comme Christophe Colomb.

Marco Polo

Beaucoup plus tard, on vérifiera que ce livre raconte la réalité, qu'il contient peu d'inventions, et on comprendra qu'il n'est pas vraiment fait pour organiser des chasses au trésor planétaires.

Il vaut mieux se dire que ce livre est là pour éviter qu'on se prenne pour le nombril du monde, pour éviter que les civilisations s'ignorent : ce livre est là pour que les civilisations s'ouvrent, échangent, apprennent les unes des autres et progressent ensemble. ■

Sommaire

À plat ventre devant l'empereur 3

« *Je veux rencontrer vos savants* » 7

Marco retrouve enfin son père 9

Le pape ne veut pas échanger 11

Les missionnaires reculent, les Polo avancent . 13

Un choc pour Marco 15

Moïse, Jésus, Mahomet, Bouddha… :
bienvenus ! 18

Pourquoi un seul dieu ? 21

Un reporter génial 22

Kubilaï Khan embauche Marco 25

Que tout le monde mange à sa faim ! 27

Un œil neuf 30

Bizarre, ça ne pue pas ! 32

Marco comprend ce qu'est une civilisation . . . 35

Adieu les licornes ! 37

Vrai ou faux ? 39

Ils sont fous ces Mongols ! 40

Cette fois-ci, Marco n'a pas vu 42

Les bureaux de poste mongols 44

L'Honorable Po Lo 46

Livreur de princesse 48

Priorité aux vaches 49

C'est ce qu'on fait qui compte 52

Personne ne reconnaît Marco 54

Le Livre des Merveilles 56

À quoi sert ce livre ? 58

Marco Polo est né à Venise en 1254 ou peut-être 1255. Il a beaucoup voyagé, jusqu'au bout de l'empire mongol, en Chine, où il a passé une grande partie de sa vie à la cour de l'empereur. À l'origine, c'est un homme d'affaires. Il s'intéresse plus aux choses concrètes qu'aux grands discours. Il comprend cette civilisation, si différente de la sienne et il s'y intègre parfaitement. L'empereur Kubilaï Khan lui confie des missions officielles. Marco rencontre des peuples, des religions, des gens, très différents, partout en Asie. Il s'étonne, parfois il ne comprend pas leurs coutumes, mais jamais il ne se sent supérieur.

À son retour à Venise, il écrit un livre, *le Livre des Merveilles*, qui est très célèbre depuis le Moyen Âge. À l'époque, beaucoup de lecteurs croient qu'il a inventé ce qu'il décrit. Il meurt à Venise en 1324.

Les auteurs

Brigitte Labbé est écrivain et **Michel Puech**
est maître de conférences en philosophie
à la Sorbonne. Ils sont coauteurs de tous
les ouvrages de la collection « Les Goûters Philo »
parus aux Éditions Milan.

Les illustrateurs

Jean-Pierre Joblin a réalisé la couverture
et les dessins de l'intérieur.
Tony Grippo a conçu le *flip-book*.

Dans la même collection

1. **Martin Luther King**
2. **Einstein**
3. **Bouddha**
4. **Marco Polo**
5. **Mozart**
6. **Néfertiti**

À paraître

Van Gogh
Molière
Coluche
Darwin

© 2003 Éditions MILAN
300, rue Léon-Joulin, 31101 Toulouse Cedex 9 – France
Droits de traduction et de reproduction réservés pour tous les pays.
Toute reproduction, même partielle, de cet ouvrage est interdite.
Une copie ou reproduction par quelque procédé que ce soit,
photographie, microfilm, bande magnétique, disque ou autre,
constitue une contrefaçon passible des peines prévues par la loi
du 11 mars 1957 sur la protection des droits d'auteur.
Loi 49.956 du 16.07.1949
Dépôt légal : 3e trimestre 2003
ISBN : 2.7459.1110.4
Imprimé par Aubin Imprimeur,
86240 Ligugé - France
Imp N° P 65693